海上丝路的千年"船"说
航海历史文化儿童百科绘本
明朝造船记

上海中国航海博物馆 主编

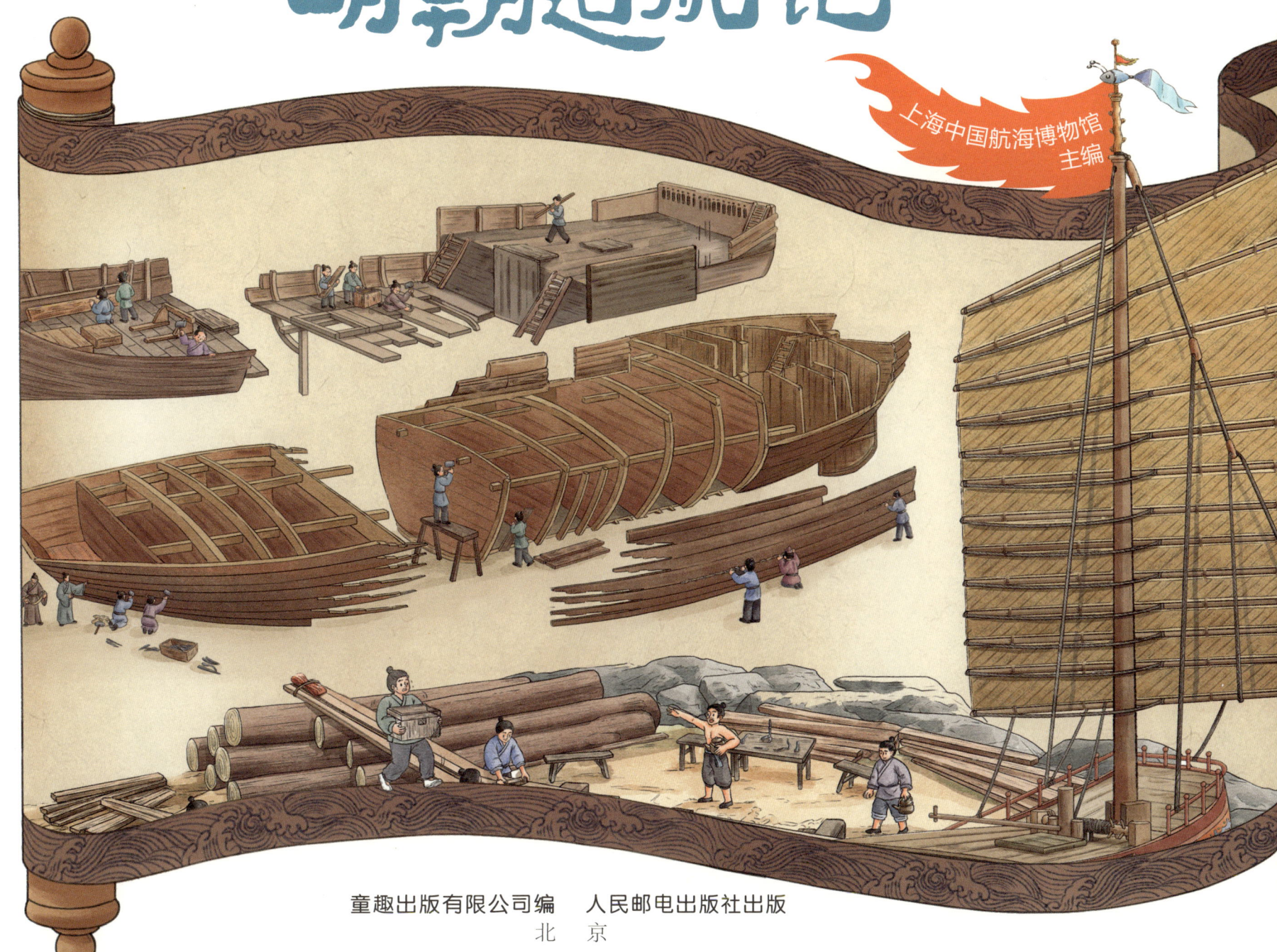

童趣出版有限公司 编　人民邮电出版社 出版
北京

图书在版编目（CIP）数据

明朝造船记 / 上海中国航海博物馆主编；童趣出版有限公司编. -- 北京 : 人民邮电出版社，2025.（海上丝路的千年"船"说 : 航海历史文化儿童百科绘本）. -- ISBN 978-7-115-67284-1

Ⅰ. F426.474-49

中国国家版本馆 CIP 数据核字第 20254GX720 号

主　　编：	上海中国航海博物馆
责任编辑：	齐　迹
执行编辑：	程梦雨
责任印制：	邵　超
封面设计：	韩木华
排版制作：	北京启智航远文化有限公司

编：	童趣出版有限公司
出　　版：	人民邮电出版社
地　　址：	北京市丰台区成寿寺路 11 号邮电出版大厦（100164）
网　　址：	www.childrenfun.com.cn

读者热线：010-81054177
经销电话：010-81054120

印　　刷：	优奇仕印刷河北有限公司
开　　本：	787×1092　1/12
印　　张：	3.7
字　　数：	70 千字
版　　次：	2025 年 6 月第 1 版　2025 年 6 月第 1 次印刷
书　　号：	ISBN 978-7-115-67284-1
定　　价：	48.00 元

版权所有，侵权必究。如发现质量问题，请直接联系读者服务部：010-81054177。

编委会

顾　问：高蒙河
主　任：赵　峰
副主任：丛建国　王　煜　陆　伟　傅　晓
编　委：曾凌颂　亓玉国　沈　强　黄乾蔚
撰　写：於燕燕　周　淑　周　甜　王灵林　陈雪冰
　　　　宋　凯　潘冬燕　刘丹丹　杨　扬　肖　杰
　　　　陆佳宇　常豆豆　姜波任　朱姻莹　蒋笑寒
　　　　周　敏　董　妮　杜丽叶

出版委员会

主　任：李　文
副主任：马　嘉　史　妍　刘玉一
委　员：周　旭　代冬梅　齐　迹　赵　倩　宋　菲　任立新
　　　　郭丹丹　赵晓娜　辛晨伊　程梦雨　王　鹤　胡　慧
　　　　李　瑶　王　莹　张　芳　尚学敏　宋　娟　吴　敏
　　　　邵建楠　叶梦佳　赵玉花　王垂泽

鸣谢

中国文物学会文化遗产传播专业委员会
中国远洋海运集团有限公司

前言

地球表面约70%是海洋，海洋是生命的摇篮，是人类拓展生存空间、加强相互交往的重要途径。中华民族对海洋的探索可谓源远流长，中国船舶业的发展脉络更是绵延了数千年悠悠岁月，承载着无数的智慧与传奇。

时光荏苒，将我们带回到距今约8000年的古老岁月。那时，长江中下游那片广袤且钟灵毓秀的土地，孕育了独树一帜的跨湖桥文化。就在这片充满神秘色彩的文化遗址之中，有一项重大发现震惊了世人——一艘保存完整的独木舟！它是迄今为止人类历史上发现的早期航海见证者之一，无声地诉说着那个遥远时代人们对江河湖海的好奇与探索。

自秦汉时期起，中国造船业便踏上了蓬勃发展的征程，历经隋唐、宋元这两个波澜壮阔的发展阶段，造船技术不断精进。直至明朝，造船业迎来了它的辉煌巅峰，一套严谨规范且行之有效的造船管理体系已然形成。与之相伴的，是造船技术与造船工艺实现了质的飞跃，达到了当时世界前所未有的高度。郑和就曾率领规模宏大的船队，浩浩荡荡地完成了七下西洋的壮举，在我国古代航海史上留下了浓墨重彩的一笔。

为纪念郑和下西洋的壮举，经国务院批准，交通运输部与上海市人民政府筹建了我国第一家国家级航海博物馆——上海中国航海博物馆，旨在弘扬中华民族灿烂的航海文明和优良传统，建构国内、国际航海交流平台，为上海国际航运中心营造良好的文化氛围，同时，培养广大青少年对航海事业的热爱。在这里，我们不仅可以寻访我国灿烂悠久的航海文明，也可以体验从古至今航海科技的进步,带领观众开启中华民族向海而兴、向海图强的历史篇章。

　　2025年,是郑和下西洋620周年。上海中国航海博物馆和童趣出版有限公司携手,在中国远洋海运集团有限公司的支持下,联合推出了这套"海上丝路的千年'船'说:航海历史文化儿童百科绘本"。本套图书共包含4个分册,分别从船只营造、册封出使、航海技术和历史交往4个方面,讲述了中华文明历史长河中航海事业的波澜壮阔。那是中华民族在陆上丝绸之路之后,大规模经由海洋向世界伸出的友好臂膀;那是万里海路见证的中国人的意志、智慧,以及领先世界的航海科技;那是不屈不挠的航海精神和磅礴汇聚的航海力量。那一叶叶帆影,将为小读者们开启一扇扇探索航海的窗口。

　　衷心感谢参与创作的文字撰写者和插画师,是他们妙笔生花,让古老的航海故事重焕生机,等待着小读者们用眼睛去旅行,用心去感受。

　　愿每个翻开这套绘本的孩子,都能化身为小小航海家,从中找到属于自己的奇迹与快乐,并汲取前行的力量,在人生的航道上乘风破浪、扬帆远航!

上海中国航海博物馆

新官上任了

伴随着泛起的阵阵浪花,一艘高张着船帆的官船沿着秦淮河缓缓朝着龙江关驶来。原来,是新任命的南京工部都水司主事李昭祥到龙江船厂(位于今江苏省南京市鼓楼区)上任了!

大人,前面就是龙江关了,龙江关内就是龙江船厂!

李昭祥(1512—1572年),字元韬,松江府(今上海市)人。明嘉靖三十年(1551年)任南京工部都水司主事,正六品,主理龙江船厂的船政事务。

航海小知识

明朝的航海技术和航运业处于世界领先地位。南京是当时全国造船和船政管理的中心。郑和下西洋所用的宝船,以及黄船、快船、战船等各种用途的船舶在南京的造船厂中几乎都有修造。

明朝政府派遣官员专门负责督造船只,以保障造船效率和质量。从明弘治二年(1489年)到嘉靖三十年(1551年),共有12位官员主理龙江船厂的造船事务。包括李昭祥在内,有10人是进士出身,可见明朝政府对造船业的重视程度之高!

规模宏大的龙江船厂

李昭祥朝着龙江关内望去,不远处的龙江船厂俨然一座宏伟的船舶之城。

瞧,整个船厂的"大脑中枢"——提举司、工部分司、官衙、指挥厅等行政机关井然排列;听,传来叮叮当当敲打声、工匠们吆喝声的,是铁作房(打造船用铁构件)、艌(niàn)作房(为船体填缝,保障船体不漏水)等生产车间,这里可是船厂的"魔法工坊";一字排开的几个大型船坞能够保障多艘大船同时开工建造。

航海小知识

龙江船厂建于明洪武年间,是明朝建立最早的官办船厂。船厂南北长近1200米,东西宽400多米,大致相当于0.7个故宫那么大,可以称得上是当时世界上最大的造船厂之一。船厂中共有400多户工匠,大约每10户工匠为一甲,10甲为一厢,一共分为4厢,每厢的工匠各自有着明确的分工。

不轻松的订单

　　李昭祥沉浸在龙江船厂热闹非凡的景象之中，一时间热血沸腾。稍事安顿，自知身负重任的李昭祥即刻投入了工作。

　　到了官衙的正厅，李昭祥清了清嗓子，向众人郑重地宣布了工部下达的任务：由于近年来朝廷贡运、漕运的发展，船只供不应求，今年船厂接到的修造任务比去年翻了一倍！此话一出，在场的官员们纷纷议论起来，大家心里都清楚，这可不是一件轻松的事。

大人，我们可以把船只按照"修"和"造"分别规划。

目前的船料存量支撑不了多造一倍的船……

料科司吏，负责造船要用的各种材料。

提举，正八品，像军师一样，为造船任务制订计划。

工部都水司主事，李昭祥。

"修""造"大不同

"修"是指为了延长船只的使用年限,每隔一段时间对船只进行的检查修缮。明朝不同时期和不同船型的修缮周期会略有差异,如海运辽东的海漕船需要每年检修一次;为宫廷运送物资的快船、马船则每两年检修一次……这样严谨的修缮制度可以使船只的使用年限最长延长至 30 年左右,使它们拥有"长寿魔法",这可比造新船节省不少成本呢!

"造"分为成造和拆造。成造,顾名思义,就是完完全全用新材料造一艘船;拆造是利用那些无法修缮的船只上还能使用的木料,重新制造船只。

置办船料

那日之后,工匠们常见到主事大人和两位提举的身影出现在船厂的各个角落。只见几位大人这儿看看,那儿敲敲,对船只的现状进行勘验。手里边写边算,嘴里还在念叨着什么。因为不管是修还是造,每个部位应该用什么船料,要用多少数量,需要多久工期,都要做出详细的方案。

那么,什么叫船料呢?船料指的就是修造船只时所需的各种物料,比如木料、铁料、油麻、舱缝材料等,缺一不可。每次修造船只时,工部会发放"船料银",负责采买的官员用这些"船料银"严格按照船只的实际需求去采买船料。

今年船只修造任务紧急,要抓紧船料的核算和采买。

是!主事大人。

算一算,造一艘船的总价是多少两白银?

石灰
200斤
0.107两/百斤

航海小知识

以平船为例,请你算一算,造一艘新船,大概需要多少银两呢?

黄麻	桐油	铁锅	铁钉	楠木	船料
100斤	100斤	6斤	113斤	单板375个	数额
0.8两/百斤	1.45两/百斤	2.5两/百斤	1.5两/百斤	0.132两/个	单价

注:单板是木材立方的体积概念。每长一丈、阔一尺、厚一寸为一个单板。一单板的体积即一立方尺。

带"编号"的楠木

在各种船料中,需求量最大的自然就是木料了。木料的选用决定着船体的坚固程度,船只的不同部位所需要的木料也有所不同。比如船身多用楠木,桅杆多用杉木,用料考究的大型海船还会用到进口铁力木。当然,各部位的用料也并不是只有一种。因此木料的选择、采买和储备对于船厂来说是一件非常重要的事情。

桅杆:杉木
甲板:杉木
肋骨:楠木
船身:楠木
龙骨:檀木
舵:榆木

用料最多的楠木主要产于四川、贵州、湖广（今湖北、湖南两省）等地，一般在春秋两季采买，为这一年的修造船只做好储备。木商将楠木编成木簰（pái），经水道汇入长江，运至南京的船厂，存放在"收木厂""楠木坞"等专门的储木场所。每根楠木都有自己独特的编号。最好的就是一号，不管是长短还是粗细，都是上乘的。往后这数字越大，木材相应的长短、粗细就逐级递减了。一眼看过去，就能分清好坏，方便挑选合适的楠木去造船。

造船的工具

见船料已依照精细计算后的数量采买到位,李昭祥便将关注的重心转移到船只的修造事宜上了。他踱步于船厂之中,见到锋利的斧头被用力挥下,伴随着沉闷声响的是四溅的木屑,船板便渐渐有了雏形;小巧的凿子在工匠的巧手摆弄下,于木板之上雕琢出精致的花纹、凿出契合的卯榫;还有两人协作使用的长长的锯子,在一来一往的嚓嚓声中,木料被精准地分割开来……

瞧着四周形形色色的工具,他不禁感慨道:"这真是'工欲善其事,必先利其器'啊!"

角尺 也称活尺,用于测量角度或辅助绘制带角度的斜线。

墨斗 绘制直线的专用工具。使用时,向墨仓内注入适量墨汁,摇动线轮,使线充分沾墨。将墨斗放在木板上要画线的位置,在墨仓中拉出墨线,将墨线的一端固定在画线起点,然后拉动墨仓至终点,使墨线绷直悬于木板上。用手提拉墨线,松手让墨线回弹至木板,就能留下笔直的墨印线条了。

木直尺 明朝工部颁行的尺。全长十寸,正面标有刻度,在五寸的位置加刻"×"形符号以示突出。

"七星伴月"定龙骨

好了,船料和工具都已齐备,李昭祥总算松了一口气,接下来就是按部就班地修造船只了。比起只需要修缮的船只,李昭祥对造新船更加关注。如同盖房子一样,造船的过程也有先后顺序,第一步是最关键的,那就是定龙骨。龙骨相当于船的脊梁骨,只有定好了龙骨,船在水里才能经得住大风大浪。

三段龙骨之间靠卯榫结构连接。我国最早的卯榫结构出现在新石器时期,距今已有7000多年的历史了。

龙骨

大约在宋朝，我国发明了龙骨结构，龙骨位于船底正中央，贯通首尾，是支撑船身的关键所在。一般龙骨有两处接口，分三段进行拼接。

航海小知识
龙骨与"七星伴月"

在榫接龙骨时，工匠们会在主龙骨的两个衔接面上挖几个小孔——"保寿孔"。人们会在孔里放上铜钱、银元、五谷或是写有建船黄道吉日的红布等祈愿物品，祈求航行平安。考古学家曾在一艘福船的保寿孔中发现了铜镜和铜钱，铜钱呈北斗七星状排列，铜镜好似月亮，这被称为"七星伴月"。

领先世界的"水密隔舱"

　　固定了龙骨之后，工匠们便在龙骨的左右两边开始安装船底板。在船底板达到一定的宽度后，工匠们便根据各个舱室的位置，铺设舱壁肋骨。这时的船身看起来就像是一个大型动物骨架。工匠们在紧挨着舱壁肋骨的地方开始装配一块块的舱壁板。这些舱壁板把船舱分隔成了一个个互不相通的舱区。李昭祥心想：这应该就是声名远扬的"水密隔舱"了！

航海小知识
水密隔舱的妙用

水密隔舱的应用使各个船舱之间互不相通,即便有水灌进破损的舱内,其他船舱也不会受到影响。水密隔舱的分舱也使得货物的装卸和管理更轻松,不同的货物可以同时进行装取,这就大大提高了装卸效率,管理起来也更加省心。中国从唐朝就开始使用这项技术了,如今,水密隔舱福船制造技艺已经被联合国教科文组织列入了《急需保护的非物质文化遗产名录》。

水密隔舱进水了怎么办?

从内到外拼起来！

等船有了结实的"骨架"后，就该安装船侧板了。只见工匠们用铁钉将船侧板紧紧地钉在水密隔舱的舱壁板上，让二者相互依靠，构成牢固的整体。当船侧板安装到与舱壁板同样的高度时，就可以开始铺设船身上面的甲板了。

甲板　我国早期的船是没有甲板的，最晚在2000多年前的战国时期出现了甲板。甲板中间高，两边低，雨水会通过船侧的小孔排到船外面。

锚　锚，一般为铁制或钢制，用锚索与船相连。锚上有爪，停船时将锚放下，借爪抓住水底，使其不被风力或水流带走。你瞧，锚的四爪，是不是长得有点儿像猫的爪子呀？"锚"就是这么得名的！

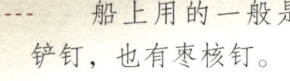
船上用的一般是铲钉，也有枣核钉。

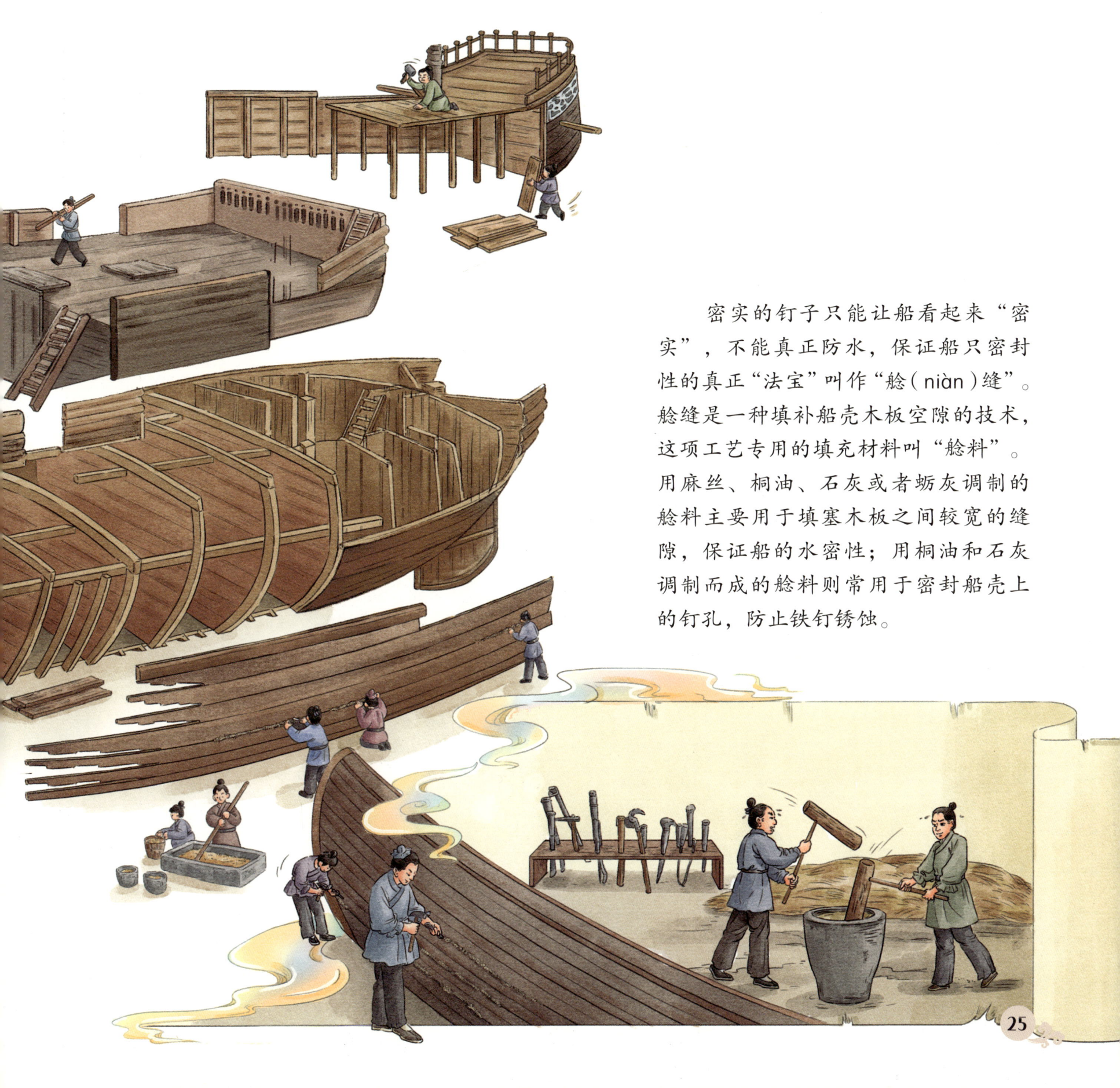

密实的钉子只能让船看起来"密实",不能真正防水,保证船只密封性的真正"法宝"叫作"艌(niàn)缝"。艌缝是一种填补船壳木板空隙的技术,这项工艺专用的填充材料叫"艌料"。用麻丝、桐油、石灰或者蛎灰调制的艌料主要用于填塞木板之间较宽的缝隙,保证船的水密性;用桐油和石灰调制而成的艌料则常用于密封船壳上的钉孔,防止铁钉锈蚀。

甲板上的功能分区

到现在,船的主体结构就基本完成了。李昭祥大步走上甲板,向大家询问各个功能区的划分。因为马上就要进行甲板上船楼的装修和完善了,在漫长的航行中,船只不仅要安全,船上的各种功能也得齐全实用才行。

"最好每间屋子都能有个窗户,让屋里亮堂一点儿。"李昭祥在心里琢磨着,但用什么来做窗户呢?

一楼休息用,二楼就用来供奉妈祖娘娘……

航海小知识
贝壳制成的"玻璃窗"

在明朝,明瓦可是个神奇的存在。它的制作工艺非常复杂。工匠们从大小相近的蚌壳里,挑出最平整的部分,切割成规整的四四方方的小块,再细细打磨到0.1厘米厚,最后嵌入到窗格里。这样的明瓦也被称为"蚌壳窗"或"蛎壳窗",既能遮风挡雨,又能让明亮的光线透进来,是制作窗户的绝佳选择。

这里是重要的驾驶区,舵和航海罗盘都在这里。安全航行,可全靠它们了。

竹帆来助力

现在,一艘船已然初具雏形了!可李昭祥的脑中却浮现出一个问题:船在波涛浩渺的大海中航行,动力究竟从何而来呢?"孤帆远影碧空尽""沉舟侧畔千帆过"这些诗句伴随着问题一同浮现在他的脑海中。没错!是帆!有了它,船就能借助风力来航行了。

帆

风帆技术是古代航海技术发展的一次巨大飞跃,也是原始航海技术向古代航海技术发展的重要标志。中国的船帆多为扇形或梯形,用竹席、蒲草或棉布制成。

帆索

巧妙地经过滑轮,系于顶横桁上,单人即可通过滑轮系统调整帆的角度。

船桅

桅杆也称为"樯(qiáng)"。船的桅杆高度,往往接近龙骨的长度。

桅夹

又叫"鹿耳",桅夹下方与桅座用卯榫连接,可以使桅杆不易倾倒,还能把帆,桅杆的重量均匀地传递到船底和船外板上。

舵

在西汉时期,舵就已经诞生了。因其位于船尾也被称为船尾舵,它就像鱼尾一样,可以帮助船只改变方向。当船只遇到逆风或是侧风时,可以通过改变船身方向改变帆和风的夹角,让船能借助风力,行驶得更快。

航海小知识

除了帆之外,还有哪些方式能使船前进呢?

桨:我国最早的木桨出现在约8000年前。

橹:是长桨的改进,初期的橹安装在船侧,后来演变成放到尾部。它左右摆动使船像摆动鱼巴和鱼鳍那样前进。

拉纤:是通过人力牵引船只前进的古老方式。在河道狭窄、水流湍急、礁石众多或有浅滩的水域,拉纤是推动船只前进的重要方式。

篙:常用竹子制成。在浅滩行船时,用篙在河底用力一撑,船就动起来了。遇到紧急情况时,撑篙还能让船快速停下。

大船"穿"彩衣

现在,一艘船就造好了。工匠们正在为船"穿"上漂亮的"彩衣"。他们一边细致地涂抹着桐油和颜料,一边巧妙地将绘画、雕刻等精妙绝伦的工艺融入船舶装饰之中。

鹢（yì）鸟是民间传说中的水上神鸟，水妖浪怪都害怕它。人们将其绘制在船首或者船尾，以祈求航行顺利。将老虎和狮子等猛兽绘制在船首，有镇祟辟邪之意。"日出东升""吉祥如意""瓶升三戟""八仙过海"等图案也常常用来装饰船体，因为这些画面都隐含着美好的寓意和人们对平安出行的愿望。

在船头绘龙目（有时也称为大鱼眼），被认为可以为船只引航、明察水中异怪，同时也能探明鱼群、避开暗礁。

验收，启航！

在船只造好之后，李昭祥一行人开始对船只做最后的核验。明朝造船过程中执行严格的管理和审计制度。每种船型都有定料、定价和工时，每根木料都需要经过严格的核验：木料上有瑕疵？淘汰！尺寸差半寸？返工！正是这种毫厘必究的精细化管理，才让每艘船都坚固而耐用，经得起水上的风浪！

勘船

建造新船时，工匠们要参照各种船型规定的工料标准，对成本进行严格控制。修船时，需要实地勘验旧船，根据船舶的损坏程度进行工料配给。勘察人员要填写船只损坏情况的"勘船单"，以便后续抽查和对照。

船只勘验是决定造或修的基础。

木料分三六九等，每一块都要现场勘察、编号标记！

验料

对于木船来说，木料是最重要的船料。核验人员要仔细观察和辨别木料表面是否有开裂、宽扁、弯曲等情况，通过用斧头敲击的声音来判断木料内部是否空心或腐烂，并将每一根木料的大小、疵（cī）病等各项信息登记入册。

一尺三钉是底线！

验钉

验钉是船只验收的必要环节。"一尺三钉"指的是在一尺（明朝1尺约为现在的32厘米）的范围内钉三颗钉，这是相对于长30米以下的河船而言，大型海船则需要"一尺五钉"。船舶尺寸越大、强度要求越高，则钉越密。

用工部标准尺复测船舶尺寸，不可差一分一毫！

验装

每艘船的型制和尺寸在开始营建前都有相应的图纸，上面有尺寸、规制、用料等详细的说明。承担造修任务的工匠必须严格按图施工。每个流程之后，检验人员都会丈量船只的型制和尺寸，并对船只的装配性能进行检验。

"下水了,启航!"随着这一声激昂的呼喊,船厂上下瞬间沸腾了起来。凝聚着工匠们心血与智慧的大船,终于迎来了它们最为荣耀的时刻。

"开闸——!"船坞水闸轰然洞开。江水倒灌而入,船身犁开银白浪沫,跃出水面,惊起满岸鸥鸟。最终,伴随着轰然一声巨响,船头破浪而入,整艘船如同蛟龙入水,激起巨大的水花与白色的波涛,成功驶入长江!

李昭祥在龙江船厂继续着他的使命，他将龙江船厂的历史、组织管理、造船技术等详尽地记录下来，为后人留下了一份明朝造船技艺的详细档案——《龙江船厂志》，将辉煌的明朝造船业呈现给世人，让我们得以窥见历史深处的造船奥秘。

各司其职的船

明朝是中国古代航海和造船业的高峰，承续了宋元之势，在此基础上提升了船舶的质量，造船种类繁多、数量巨大，各种船舶各尽其能，为漕运、江海防及郑和下西洋等提供了保障。

黄船是明朝皇家御用船，用石黄涂色，彰显皇权。

黄船、快船与马船合称"贡舫"，是联通明朝南、北二京的重要交通工具。

明朝海漕船主要有钻风船、遮洋船等，用于海运粮食和军需物资到辽东和京师。从江南运送粮食至辽东，海运路线大多从苏州太仓刘家河（现浏河）出发，春夏季节沿海北上，秋冬返回。

明朝漕运的主要功能是通过水路运输供给宫廷消费、百官俸禄、军事补给等需求的税粮，事关王朝统治和国家稳定。在明朝，每年使用的各类漕运船只多达14000多艘。

战船

明朝中期以后，倭寇、海盗、欧洲军事势力等持续侵扰东南沿海，出于海防需要，明朝大力发展战船，战船上装备了威力强大的佛郎机火炮等各类武器。

蜈蚣船

仿造葡萄牙人的桨帆船建造而成，由于形似蜈蚣而得名。在蜈蚣船上安装佛郎机火炮后亦可作为战船使用。

海船

既可用于海防，又可用于海上运输和外交。明朝最著名的特大海船是为郑和下西洋专门建造的宝船，宝船为郑和船队的旗舰，供郑和船队的指挥人员、使团人员及外国使节乘坐。

明嘉靖年间，龙江船厂虽已不复明永乐年间郑和下西洋的鼎盛气象，却仍肩负着明朝造船的重任。明朝造船业是中国古代的巅峰。它的管理体系严谨规范，技术工艺在传承了前人智慧的基础上又有了质的飞跃，不仅推动了明朝船舶制造和航海技术的高速发展，对世界船舶的发展也功不可没。